The School of Clever Animals: Bilingual French-English Stories for Kids

Pomme Bilingual

Published by Pomme Bilingual, 2024.

While every precaution has been taken in the preparation of this book, the publisher assumes no responsibility for errors or omissions, or for damages resulting from the use of the information contained herein.

THE SCHOOL OF CLEVER ANIMALS: BILINGUAL FRENCH-ENGLISH STORIES FOR KIDS

First edition. October 26, 2024.

ISBN: 979-8227949929

Written by Pomme Bilingual.

Table of Contents

Le Fabuleux Monstre de la Montagne

Il était une fois, dans un petit village niché au pied d'une haute montagne embrumée, une petite fille nommée Louane. Louane était curieuse, maline, et avait un cœur aussi courageux que celui d'un lion. Elle adorait explorer chaque recoin de son village et les bois environnants, mais il y avait un endroit dont tout le monde la mettait en garde : la Montagne des Ombres.

Des rumeurs circulaient depuis longtemps sur un monstre qui y vivait, une créature aussi grande qu'une maison avec des dents acérées et une fourrure aussi épaisse que celle d'un ours. On l'appelait « Maxime, le Monstre de la Montagne. »

Un jour, après avoir entendu d'autres rumeurs sur la place du village, Louane ne put résister. Elle courut directement vers son grand-père, Papy Marcel, qui était sage et connaissait beaucoup de choses sur le monde, pour lui demander des informations sur le monstre.

« Oh, Papy Marcel, est-il vrai qu'il y a un monstre sur la montagne ? » demanda-t-elle.

« Certains le disent, » répondit Papy Marcel avec une lueur dans les yeux, « mais je ne l'ai jamais vu moi-même. Quoi qu'il en soit, Louane, il vaut mieux rester à l'écart de la Montagne des Ombres. »

Mais la curiosité de Louane débordait déjà, et aucun avertissement ne pouvait éteindre son esprit. Elle était déterminée à découvrir la vérité. Et donc, un matin brumeux, elle se mit en route vers la montagne, son petit sac à dos rempli de collations et son cœur plein de courage.

Alors que Louane grimpait, elle commença à remarquer des choses étranges : des empreintes géantes aussi larges que des flaques, des marques de griffes sur les troncs d'arbres, et des buissons aplatis. Mais au lieu d'avoir peur, elle devenait de plus en plus curieuse.

Finalement, elle arriva dans une petite clairière, et là, assis sur une roche, se trouvait... le monstre.

Les yeux de Louane s'agrandirent alors qu'elle découvrait Maxime, le prétendu « monstre. » Il était grand, avec une épaisse fourrure grise et de grandes pattes, et des yeux aussi doux qu'un ciel d'été. Au lieu d'avoir l'air féroce, il avait l'air plutôt triste.

« Euh... bonjour ? » appela Louane.

Maxime se tourna, surpris de voir une petite fille debout courageusement devant lui. « Bonjour, petite, » répondit-il d'une voix profonde et grondante. « N'as-tu pas peur de moi ? »

Louane secoua la tête. « Pas du tout ! Tu n'as pas l'air effrayant... peut-être un peu duveteux, mais pas effrayant. »

Maxime éclata de rire, son rire résonnant à travers les arbres. « Eh bien, c'est une première. La plupart des gens me voient et s'enfuient. »

Louane s'approcha un peu plus. « Pourquoi es-tu triste, Maxime ? »

Maxime soupira. « La vérité, c'est que je suis seul. Je suis ici depuis si longtemps que j'ai oublié ce que c'est d'avoir des amis. »

Le cœur de Louane se mit à fondre. « Eh bien, je serai ton amie ! »

Les yeux de Maxime brillèrent de joie. « Vraiment ? Tu es la personne la plus gentille que j'aie jamais rencontrée ! »

À ce moment-là, Louane se souvint de la raison pour laquelle elle était montée sur la montagne en premier lieu. « Oh, Maxime, mon village a un gros problème. Nos cultures ne poussent pas bien cette année, et nous n'avons pas assez de nourriture pour l'hiver. Papy Marcel dit qu'il y a un fruit spécial, une baie dorée, qui pousse dans ces forêts. Cela pourrait nous sauver si nous pouvons en trouver suffisamment. »

Le visage de Maxime s'illumina. « Des baies dorées ! Je sais exactement où les trouver. Mais elles sont profondément dans la forêt, gardées par le Troll de la Rivière. »

Louane hocha la tête, la détermination brillant dans ses yeux. « Nous irons ensemble, Maxime ! Si nous sommes courageux, nous pourrons passer le troll. »

Et ainsi, le duo improbable se mit en route ensemble, Louane sautillant joyeusement et Maxime marchant silencieusement à ses côtés. Ils atteignirent la rivière où le troll vivait, et effectivement, le voici : une créature grincheuse à la peau verte avec un nez semblable à une pomme de terre.

« Halte ! » aboya le troll. « Personne ne traverse ma rivière sans payer un péage ! »

Louane réfléchit rapidement et sortit une pomme fraîche de son sac à dos. « Tiens, Monsieur Troll ! La pomme la plus sucrée du village ! »

Le troll renifla la pomme, hocha la tête d'un air approbateur et prit une grosse bouchée bruyante. « Mmm... très bien, vous pouvez passer. »

Ils traversèrent la rivière et continuèrent plus profondément dans la forêt jusqu'à atteindre une parcelle de buissons scintillants, chacun parsemé de baies dorées. Ensemble, Louane et Maxime ramassèrent autant de baies qu'ils purent porter. Lorsque leurs paniers furent pleins, ils firent le chemin du retour en descendant la montagne, riant et discutant tout le long.

De retour au village, tout le monde était stupéfait de voir Louane revenir main dans la patte avec le prétendu monstre. « Tout le monde, voici mon ami Maxime ! » annonça Louane avec fierté.

Les villageois s'étonnèrent, mais Louane expliqua à quel point Maxime avait été gentil et utile. Ils réalisèrent bientôt qu'ils avaient mal jugé cette douce créature. Grâce aux baies dorées, les villageois purent sauver leurs cultures et stocker suffisamment de nourriture pour l'hiver.

Quant à Maxime, il trouva un accueil chaleureux dans le village à partir de ce jour-là. Papy Marcel lui construisit même une petite maison à la lisière des bois, où il devint un ami bien-aimé de tous. Et chaque matin, lui et Louane se retrouvaient près de la rivière, prêts à partager une nouvelle aventure.

Et ainsi, grâce à une brave petite fille et à un monstre pas si effrayant, le village prospéra, et la montagne ne fut plus un lieu de peur, mais un lieu d'amitié et de plaisir.

The Fabulous Monster of the Mountain

Once upon a time, in a small village nestled at the foot of a tall, misty mountain, there lived a little girl named Louane. Louane was curious, clever, and had a heart as brave as a lion's. She loved exploring every corner of her village and the surrounding woods, but there was one place everyone warned her about: Montagne des Ombres, the Shadow Mountain.

Rumors had long swirled about a monster who lived there, a creature as large as a house with sharp teeth and fur as thick as a bear's coat. They called him "Maxime, the Mountain Monster."

One day, after hearing more rumors at the village square, Louane couldn't resist. She ran straight to her grandfather, Papy Marcel, who was wise and knew many things about the world, to ask him about the monster.

"Oh, Papy Marcel, is it true there's a monster on the mountain?" she asked.

"Some say so," replied Papy Marcel with a twinkle in his eye, "but I've never seen him myself. Monsters or not, Louane, it's best to stay away from Montagne des Ombres."

But Louane's curiosity was already bubbling over, and no amount of warnings could dampen her spirit. She was determined to find out the truth. And so, one misty morning, she set off up the mountain, her little knapsack filled with snacks and her heart filled with courage.

As Louane climbed higher, she began to notice strange things: giant footprints as wide as puddles, claw marks on tree trunks, and bushes that had been trampled flat. But instead of feeling scared, she grew more curious.

Finally, she came to a small clearing, and there, sitting on a rock, was… the monster.

Louane's eyes grew wide as she took in the sight of Maxime, the so-called "monster." He was big, with thick gray fur and large paws, and eyes as gentle as a summer sky. Instead of looking fierce, he looked rather sad.

"Um… hello?" Louane called out.

Maxime turned, surprised to see a little girl standing bravely before him. "Hello, little one," he replied in a deep, rumbling voice. "Aren't you afraid of me?"

Louane shook her head. "Not at all! You don't look scary… maybe a bit fuzzy, but not scary."

Maxime chuckled, his laughter rolling through the trees. "Well, that's a first. Most people see me and run away."

Louane took a step closer. "Why are you sad, Maxime?"

Maxime sighed. "The truth is, I'm lonely. I've been up here for so long that I've forgotten what it's like to have friends."

Louane's heart melted. "Well, I'll be your friend!"

Maxime's eyes sparkled with joy. "Really? You're the kindest soul I've ever met!"

Just then, Louane remembered the reason she had come up the mountain in the first place. "Oh, Maxime, my village has a big problem. Our crops aren't growing well this year, and we don't have enough food for the winter. Papy Marcel says there's a special fruit, a golden berry, that grows in these forests. It could save us if we can find enough of it."

Maxime's face lit up. "Golden berries! I know exactly where to find them. But they're deep in the forest, guarded by the River Troll."

Louane nodded, determination shining in her eyes. "We'll go together, Maxime! If we're brave, we can get past the troll."

And so, the unlikely pair set off together, Louane skipping happily and Maxime padding quietly beside her. They reached the river where the troll lived, and sure enough, there he was: a grumpy, green-skinned creature with a nose like a potato.

"Halt!" the troll barked. "No one crosses my river without paying a toll!"

Louane thought quickly and pulled out a fresh apple from her knapsack. "Here, Monsieur Troll! The sweetest apple in the village!"

The troll sniffed the apple, nodded approvingly, and took a big, noisy bite. "Mmm... very well, you may pass."

They crossed the river and continued deeper into the forest until they reached a patch of shimmering bushes, each one dotted with the golden berries. Together, Louane and Maxime picked as many berries as they could carry. When their baskets were full, they made their way back down the mountain, laughing and chatting all the way.

Back in the village, everyone was astonished to see Louane returning hand-in-paw with the supposed monster. "Everyone, meet my friend Maxime!" Louane announced proudly.

The villagers gasped, but Louane explained how kind and helpful Maxime had been. They soon realized they had misjudged the gentle creature. With the golden berries, the villagers were able to save their crops and store enough food for the winter.

As for Maxime, he found a warm welcome in the village from that day forward. Papy Marcel even set up a little house for him at the edge of the woods, where he became a beloved friend to all. And every morning, he and Louane would meet by the river, ready to share another adventure.

And so, thanks to a brave little girl and a not-so-scary monster, the village flourished, and the mountain was no longer a place of fear, but a place of friendship and fun.

L'École des Animaux Malins

Dans une partie profonde et enchantée de la forêt, cachée parmi les arbres anciens et les vignes enchevêtrées, se trouvait une petite école appelée « L'École des Animaux Malins ». Et dans cette école, Madame Chouette, la sage vieille hibou, était l'enseignante. Chaque matin, Madame Chouette sonnait une petite cloche en argent, et ses élèves se précipitaient, sautaient ou flottaient jusqu'à leur place.

Chaque élève de l'école de Madame Chouette avait un talent spécial.

- Renard, le renard, était un farceur plein d'esprit, toujours en train de concevoir des plaisanteries astucieuses et des blagues sournoises.

- Lapin, le lapin, était aussi rapide qu'un coup de vent, capable de traverser la forêt avant même que l'on puisse cligner des yeux.

- Tortue, la tortue, était la penseuse, lente mais sage, avec un esprit capable de résoudre n'importe quel puzzle, donné un peu de temps.

Mais le plus petit élève de Madame Chouette, Ratatouille la souris, était le plus courageux. Bien qu'il soit petit, son courage était aussi grand que la forêt elle-même.

Un matin lumineux, Madame Chouette rassembla les animaux pour une leçon.

« Aujourd'hui, classe, » hulula-t-elle, « nous allons apprendre à nous entraider. Car quand nous travaillons ensemble, nous sommes plus forts et plus intelligents que lorsque nous sommes seuls ! »

Juste à ce moment-là, un fort croassement se fit entendre d'en haut. C'était Martin le Corbeau, un fauteur de troubles qui aimait semer la zizanie et provoquer des méfaits.

« Oh là là, » dit Madame Chouette en levant les yeux vers les arbres. « Martin est encore en train de faire des siennes. »

En effet, Martin plongea, en gloussant, et avant que quiconque puisse l'arrêter, il arracha le déjeuner de petit Ratatouille juste de ses pattes !

« Oh, Martin, s'il te plaît ! » cria Ratatouille, mais le corbeau se contenta de battre des ailes et de rire.

La classe s'étonna. Ils ne pouvaient pas laisser leur ami avoir faim. Madame Chouette regarda autour d'elle et se racla la gorge.

« D'accord, animaux malins, » dit-elle, « que pouvons-nous faire pour aider Ratatouille ? »

Renard sourit, les yeux pétillants. « Laissez faire ! Je vais piéger ce corbeau en un rien de temps. »

Mais Tortue, la sage tortue, secoua lentement la tête. « Renard, Martin est astucieux aussi. Tu auras besoin d'aide. »

Lapin remua le nez. « Si nous travaillons ensemble, nous pouvons y arriver ! »

Avec les conseils de Madame Chouette, les amis élaborèrent un plan. Ils se rassemblèrent sous le plus grand chêne, juste là où Martin aimait se percher.

Renard chuchota à Lapin, et Lapin chuchota à Tortue, qui hocha la tête et se mit en place.

Ensuite, Renard appela Martin de sa meilleure voix amicale. « Martin, oh Martin le rusé, descends ici ! J'ai quelque chose que tu voudras voir ! »

Curieux et méfiant, Martin regarda en bas, ses yeux noirs brillants. « Pourquoi devrais-je te faire confiance, renard ? »

Renard sourit. « Parce que j'ai quelque chose qui est même mieux qu'un déjeuner. »

Martin inclina la tête et, après un moment, plongea de sa branche pour atterrir sur le sol de la forêt. « Très bien, renard, montre-moi ce qui est mieux qu'un déjeuner. »

Renard fit un clin d'œil à ses amis. « Eh bien, pour commencer, tu devras attraper Lapin. Et si tu es assez rapide, alors peut-être que je te montrerai quelque chose d'encore mieux. »

Lapin, rapide comme l'éclair, s'élança devant Martin. « Attrape-moi si tu peux ! » le taquina-t-il.

Avec un battement d'ailes et un croassement, Martin se lança à sa poursuite, mais Lapin était beaucoup trop rapide. Juste au moment où Martin était sur le point d'abandonner, Tortue commença à avancer lentement sur le chemin de la forêt, portant quelque chose de brillant sur sa carapace.

« Oh, qu'est-ce que c'est ? » cria Martin, ses yeux s'illuminant à la vue de l'objet scintillant.

« C'est un trésor, mais seulement pour l'animal le plus rusé, » dit calmement Tortue. « Tu dois faire attention avec ça, cependant. »

Martin, sa curiosité piquée, suivit Tortue, qui le conduisit tout droit jusqu'au chêne. À ce moment-là, Renard, Lapin et Ratatouille passèrent à l'action !

Lapin tourbillonna autour de l'arbre, créant un bruit de feuillage qui distrayait Martin. Renard attrapa une poignée de feuilles, les lançant en l'air pour qu'elles flottent autour du corbeau, le déconcertant. Et Ratatouille, courageux et rapide, s'élança vers la griffe de Martin et lui reprit son déjeuner.

« Je l'ai ! » cria Ratatouille triomphant.

Martin cligna des yeux de surprise, réalisant qu'il avait été dupé. Madame Chouette se pencha et lui lança un regard sévère. « Martin, » dit-elle, « tu ne dois pas prendre ce qui ne t'appartient pas. »

Se sentant un peu gêné, Martin baissa la tête. « D'accord, d'accord, je les laisserai tranquilles. »

Avec le déjeuner de leur ami en sécurité, les animaux malins se rassemblèrent, fiers de ce qu'ils avaient accompli. Ils avaient utilisé leurs talents—l'astuce de Renard, la rapidité de Lapin, la patience de Tortue et le courage de Ratatouille—pour s'entraider.

Madame Chouette applaudit de ses ailes, les yeux brillants.
« Bien joué, classe ! Vous avez bien appris la leçon
d'aujourd'hui. »

Et depuis ce jour, les amis savaient qu'ensemble, ils étaient
inarrêtables—et même Martin le Corbeau réfléchissait à deux
fois avant de semer à nouveau le trouble.

The School of Clever Animals

In a deep, enchanted part of the woods, hidden among the ancient trees and tangled vines, there was a little school called L'École des Animaux Malins—the School of Clever Animals. And in this school, Madame Chouette, the wise old owl, was the teacher. Every morning, Madame Chouette would ring a tiny silver bell, and her students would scurry, hop, or flutter to their seats.

Each student in Madame Chouette's school had a special talent.

- Renard, the fox, was a quick-witted trickster, always thinking up clever pranks and sly jokes.

- Lapin, the rabbit, was as fast as a gust of wind, able to zip through the forest before you could even blink.

- Tortue, the turtle, was the thinker, slow but wise, with a mind that could solve any puzzle given time.

But Madame Chouette's littlest student, Ratatouille the mouse, was the bravest. Though he was small, his courage was as big as the forest itself.

One bright morning, Madame Chouette gathered the animals together for a lesson.

"Today, class," she hooted, "we're going to learn about helping one another. Because when we work together, we're stronger and cleverer than when we're alone!"

Just then, a loud cawing came from above. It was Martin the Crow, a troublemaker who loved stirring things up and causing mischief.

"Oh dear," said Madame Chouette, looking up into the trees. "Martin is up to his tricks again."

Sure enough, Martin swooped down, cackling, and before anyone could stop him, he snatched little Ratatouille's lunch right out of his paws!

"Oh, Martin, please!" squeaked Ratatouille, but the crow just flapped his wings and laughed.

The class gasped. They couldn't let their friend go hungry. Madame Chouette looked around and cleared her throat.

"Alright, clever animals," she said, "what can we do to help Ratatouille?"

Renard grinned, his eyes sparkling. "Leave it to me! I'll trick that crow in no time."

But Tortue, the wise turtle, shook her head slowly. "Renard, Martin is clever too. You'll need help."

Lapin twitched his nose. "If we work together, we can do it!"

With Madame Chouette's guidance, the friends came up with a plan. They gathered under the tallest oak tree, right where Martin liked to perch.

Renard whispered to Lapin, and Lapin whispered to Tortue, who nodded and crawled into place.

Then, Renard called up to Martin in his best, friendliest voice. "Martin, oh clever Martin, come down here! I have something you'll want to see!"

Curious and suspicious, Martin looked down, his shiny black eyes glinting. "Why would I trust you, fox?"

Renard smiled. "Because I have something that's even better than a lunch."

Martin cocked his head and, after a moment, swooped down from his branch to land on the forest floor. "Alright, fox, show me what's better than a lunch."

Renard winked at his friends. "Well, to start, you'd have to catch Lapin. And if you're fast enough, then maybe I'll show you something even better."

Lapin, quick as lightning, darted in front of Martin. "Catch me if you can!" he teased.

With a flap and a caw, Martin took off after him, but Lapin was far too fast. Just as Martin was about to give up, Tortue began inching her way across the forest path, carrying something shiny on her shell.

"Oh, what's that?" squawked Martin, his eyes lighting up at the sight of the sparkling item.

"It's a treasure, but only for the cleverest animal," Tortue said calmly. "You have to be careful with it, though."

Martin, his curiosity piqued, followed Tortue, who led him right back to the oak tree. At that moment, Renard, Lapin, and Ratatouille sprang into action!

Lapin dashed around the tree, creating a rustling noise that distracted Martin. Renard grabbed a handful of leaves, tossing them high so they floated down around the crow, confusing him. And Ratatouille, brave and quick, scurried up to Martin's talon and snatched his lunch back.

"Got it!" squeaked Ratatouille triumphantly.

Martin blinked in surprise, realizing he'd been tricked. Madame Chouette swooped down, giving him a stern look. "Martin," she said, "you mustn't take what doesn't belong to you."

Feeling a bit embarrassed, Martin dipped his head. "Alright, alright, I'll leave them alone."

With their friend's lunch safe and sound, the clever animals gathered together, proud of what they had achieved. They had used their talents—Renard's cleverness, Lapin's speed, Tortue's patience, and Ratatouille's bravery—to help each other.

Madame Chouette clapped her wings, her eyes shining. "Well done, class! You've learned today's lesson well."

And from that day on, the friends knew that, together, they were unstoppable—and even Martin the Crow thought twice before causing any more trouble.

21

Les Mésaventures de Gaston et Coquelicot

Gaston était un inventeur curieux, connu dans son village pour ses créations étranges et le chaos qu'elles causaient parfois. Son fidèle compagnon était Coquelicot, ou « Poppy » en abrégé — un chat espiègle avec un talent pour se mettre dans le pétrin. Ensemble, ils formaient un duo remarquable, toujours en quête de quelque chose de nouveau et d'excitant.

Un après-midi, en fouillant dans le grenier poussiéreux de la vieille bibliothèque, ils trouvèrent un livre particulier, relié en cuir. Sa couverture était usée et décolorée, et en grandes lettres grasses, on pouvait lire : Les merveilles de la magie.

« Oh, Coquelicot, regarde ça ! » murmura Gaston, les yeux brillants. « Un grimoire ! Imagine toutes les choses que nous pourrions essayer... »

Coquelicot ronronna et toucha le livre de sa patte, encourageant la curiosité de son ami. Gaston l'ouvrit délicatement et, à mesure qu'il feuilletait les pages, des dessins étranges et des instructions de sortilèges dansaient devant ses yeux.

« Essayons juste un sort, » dit-il en faisant un clin d'œil à Coquelicot. « Que pourrait-il arriver de mal ? »

Le premier sort qu'ils trouvèrent s'appelait « Délices Flottants ». Selon les instructions, il pouvait rendre les objets plus légers que l'air, leur permettant de flotter comme des bulles. Gaston, impatient de l'essayer, saupoudra une pincée de champignon en poudre (juste comme le disait le sort) dans sa paume, agita les doigts et murmura les mots d'enchantement.

Soudain, la chaise devant lui s'éleva du sol. Elle vacilla dans les airs, tournoyant légèrement, et Gaston éclata de rire.

« C'est incroyable ! » s'exclama-t-il. « Imagine si nous l'essayons sur quelque chose de plus gros ! »

Mais pendant qu'il parlait, Coquelicot sauta et atterrit directement sur le grimoire, retournant accidentellement les pages sur un sort appelé Grand Soulevement du Pays. Avant que Gaston ne puisse l'arrêter, la petite patte de Coquelicot appuya sur un mot lumineux, activant le sort avec une explosion d'énergie magique.

Avec un grand WHOOSH, tout le village commença à s'élever du sol. Les rues pavées, les boutiques, les fontaines, et même les gens flottaient, suspendus dans les airs comme des décorations sur des fils invisibles. Les maisons dérivaient doucement au-dessus du sol, retenues uniquement par leurs cheminées, tandis que les villageois s'accrochaient aux lampadaires et aux branches d'arbres, complètement déconcertés.

« Oh non, Coquelicot, » s'exclama Gaston, regardant avec horreur tout le village flotter à plusieurs pieds dans les airs. « Nous devons arranger ça ! »

Coquelicot, assise fièrement sur le livre flottant, semblait totalement satisfaite d'elle-même, sa queue remuant malicieusement.

Sachant qu'il avait besoin d'aide, Gaston se précipita pour trouver Madame Blanche, la vieille bibliothécaire du village qui savait tout sur la magie — bien qu'elle ne la pratiquait que rarement elle-même. Elle était assise tranquillement dans sa bibliothèque flottante, buvant du thé qui ne se renversait miraculeusement pas malgré l'inclinaison de sa chaise.

« Madame Blanche ! » appela Gaston. « Nous avons, euh, eu un petit incident magique ! »

Elle leva un sourcil, prenant une gorgée lente de son thé. « Gaston, mon cher, je pensais t'avoir dit de faire attention avec les anciens grimoires. »

« Oui, mais... les choses ont dégénéré, » avoua-t-il, se grattant la tête. « Sais-tu comment inverser le sort ? »

Madame Blanche regarda le sol, qui se trouvait maintenant à dix pieds en dessous d'eux, et soupira. « Le sort Grand Soulevement du Pays ne peut être inversé qu'en réalisant un contre-sort avant le coucher du soleil. Et ce contre-sort est caché... quelque part dans la bibliothèque. »

Gaston grogna. Il savait ce que cela signifiait : ils devaient trouver le bon sort avant que le temps ne s'écoule. Madame Blanche, d'une voix ferme, lui demanda de la suivre.

Ensemble, ils commencèrent à chercher dans les nombreuses étagères, chaque livre flottant à leurs côtés. Coquelicot, pendant ce temps, frappait joyeusement les livres qui passaient, n'ajoutant qu'au chaos.

« Ah ! » cria Madame Blanche après une longue recherche. « Le voici — le Berceuse de Descente. Mais c'est un sort délicat, et tu auras besoin d'un peu d'aide de la part des villageois. »

Gaston et Madame Blanche expliquèrent rapidement le plan aux villageois. Pour lancer la Berceuse de Descente, tout le monde devait fredonner une mélodie, tandis que Gaston et Coquelicot exécutaient les gestes du sort.

Bientôt, un doux murmure emplit la ville flottante alors que les villageois fredonnaient, chaque note devenant plus douce et plus apaisante. Gaston agita les mains en cercles lents et amples, comme le décrivait le livre, tandis que Coquelicot l'imitait, ses petites pattes bougeant en rythme.

Lentement, tout doucement, le village commença à descendre, comme une plume flottant vers la terre. Les maisons, les arbres, et même les villageois surpris se posèrent délicatement sur un sol solide.

Enfin, avec un doux thud, la ville était de retour à sa place légitime. Les villageois acclamèrent, bien que beaucoup jetèrent à Gaston un regard sévère, lui rappelant d'être un peu plus prudent avec ses inventions.

Madame Blanche posa une main ferme sur son épaule. « Souviens-toi, Gaston, la magie ne doit pas être manipulée à la légère. »

Gaston hocha la tête, penaud. « Je promets d'être plus prudent la prochaine fois, Madame Blanche. »

Coquelicot, cependant, semblait loin d'être repentante, ses yeux brillants du souvenir de leur dernière aventure. Alors qu'ils retournaient à l'atelier de Gaston, ce dernier caressa son chat fidèle et espiègle et murmura : « Eh bien, Coquelicot, peut-être juste un petit sort de plus... mais après avoir lu toutes les instructions ! »

The Misadventures of Gaston and Poppy

Gaston was a curious inventor, known around his village for his strange creations and the chaos they sometimes caused. His trusty companion was Coquelicot, or "Poppy" for short—a mischievous cat with a knack for getting into trouble. Together, they made quite the pair, always poking around for something new and exciting.

One afternoon, while rummaging through the dusty attic of the old library, they found a peculiar, leather-bound book. Its cover was worn and faded, and in big, bold letters, it read: The Wonders of Wizardry.

"Oh, Poppy, look at this!" Gaston whispered, his eyes gleaming. "A spellbook! Imagine the things we could try..."

Poppy purred and pawed at the book, encouraging her friend's curiosity. Gaston opened it carefully, and as he turned the pages, strange drawings and spell instructions danced before his eyes.

"Let's try just one spell," he said, winking at Poppy. "What could go wrong?"

The first spell they found was called "Floating Delights." According to the instructions, it could make things lighter than air, allowing them to float up like bubbles. Gaston, eager to test it out, sprinkled a pinch of powdered mushroom (just as the spell said) into his palm, waved his fingers, and whispered the words of enchantment.

Suddenly, the chair in front of him lifted off the ground. It wobbled in mid-air, spinning slightly, and Gaston laughed with delight.

"This is amazing!" he exclaimed. "Imagine if we tried it on something bigger!"

But as he spoke, Poppy leaped up, landing right on the spellbook, accidentally flipping the pages to a spell called Great Lift of the Land. Before Gaston could stop her, Poppy's little paw pressed down on a glowing word, activating the spell with a burst of magical energy.

With a loud WHOOSH, the entire village began to lift off the ground. The cobblestone streets, the shops, the fountains, and even the people floated up, dangling in mid-air like decorations on invisible strings. Houses drifted gently above the ground, tethered only by their chimneys, while villagers clung to lampposts and tree branches, utterly bewildered.

"Oh no, Poppy," Gaston gasped, watching in horror as the entire town hovered several feet in the air. "We've got to fix this!"

Poppy, now sitting proudly atop the floating book, seemed thoroughly pleased with herself, her tail flicking mischievously.

Knowing he needed help, Gaston rushed to find Madame Blanche, the village's old librarian who knew all about magic—though she rarely practiced it herself. She was sitting calmly in her floating library, drinking tea that miraculously didn't spill despite the tilt of her chair.

"Madame Blanche!" Gaston called out. "We've, uh, had a bit of a magical mishap!"

She raised an eyebrow, taking a slow sip of her tea. "Gaston, my dear, I thought I told you to be careful with ancient spellbooks."

"Yes, but... things got out of hand," he admitted, scratching his head. "Do you know how to reverse the spell?"

Madame Blanche looked down at the ground, which was now a good ten feet below them, and sighed. "The Great Lift of the Land spell can only be reversed by performing a counter-spell before sunset. And that counter-spell is hidden... somewhere in the library."

Gaston groaned. He knew what that meant: they had to find the right spell before time ran out. Madame Blanche, her voice firm, instructed him to follow her.

Together, they began searching through the many bookshelves, each book floating alongside them. Poppy, meanwhile, playfully swatted at books that drifted by, only adding to the chaos.

"Ah!" cried Madame Blanche after a long search. "Here it is—the Lowering Lullaby. But it's a tricky one, and you'll need a bit of help from the villagers."

Gaston and Madame Blanche quickly explained the plan to the villagers. To cast the Lowering Lullaby, everyone needed to hum a tune, while Gaston and Poppy performed the hand movements of the spell.

Soon, a low hum filled the floating town as the villagers hummed along, each note growing softer and gentler. Gaston waved his hands in slow, sweeping circles, just as the book described, while Poppy copied him, her tiny paws moving in time.

Slowly, ever so slowly, the village began to descend, like a feather drifting down to earth. The houses, the trees, and even the startled villagers gently settled back onto solid ground.

Finally, with a soft thud, the town was back in its rightful place. The villagers cheered, though many gave Gaston a stern look, reminding him to be a bit more cautious with his inventions.

Madame Blanche placed a firm hand on his shoulder. "Remember, Gaston, magic is not to be played with lightly."

Gaston nodded sheepishly. "I promise to be more careful next time, Madame Blanche."

Poppy, however, looked far from repentant, her eyes gleaming with the memory of their latest adventure. As they made their way back to Gaston's workshop, Gaston patted his loyal, mischievous cat and whispered, "Well, Poppy, maybe just one more little spell... but after we read all the instructions!"

Émile et les Trésors du Parc Enchanté

Émile était un garçon timide, souvent perdu dans les pages de ses livres préférés pendant que ses camarades jouaient dehors. Il préférait la compagnie des histoires et de l'imagination au bruit et au chaos de la cour de récréation. Un jour, alors qu'il se promenait dans son quartier, il tomba sur une vieille grille rouillée envahie par le lierre. Sa curiosité piquée, il la poussa et entra dans un monde comme il n'en avait jamais vu.

Devant lui s'étendait le Parc Enchanté, rempli de fleurs vibrantes, d'arbres majestueux et de statues qui semblaient scintiller au soleil. Émile ne pouvait à peine croire ses yeux. Au centre du parc se tenait une majestueuse statue de lion, sa crinière de pierre flottant comme si elle était prise dans une douce brise.

Alors qu'Émile s'approchait, les yeux du lion s'ouvrirent, scintillant de chaleur et de sagesse. "Bienvenue, jeune Émile. Je suis Léon, la statue de lion sage. Tu as découvert les trésors cachés de ce parc. Souhaites-tu te lancer dans une chasse au trésor ?"

Le cœur d'Émile battait d'excitation et d'un soupçon de nervosité. "Une chasse au trésor ? Que dois-je faire ?"

Léon sourit. "Chaque trésor que tu trouveras t'enseignera une leçon importante. Es-tu prêt ?"

Avec une profonde inspiration, Émile hocha la tête. Le lion désigna un chemin sinueux qui menait plus profondément dans le parc. En marchant, Émile remarqua un écureuil pelucheux perché sur une branche au-dessus d'eux.

"Bonjour !" s'exclama l'écureuil, descendant en sautant pour les rejoindre. "Je suis Margot ! Je serai ta guide pour le premier trésor."

Émile cligna des yeux d'émerveillement. "Tu peux parler !"

"Bien sûr ! Dans le Parc Enchanté, tout est possible !" s'écria Margot en remuant sa queue duveteuse. "Allons-y !"

Margot mena Émile à un étang scintillant entouré de fleurs en fleurs. "Le premier trésor est caché sous l'eau," expliqua-t-elle. "Mais pour le récupérer, tu dois plonger. Cela t'apprendra le courage."

Émile hésita, regardant l'eau scintillante. "Mais que se passe-t-il si je n'y arrive pas ?"

Margot sourit d'un air rassurant. "Tu ne sauras pas tant que tu n'essaies pas ! Souviens-toi, le courage n'est pas l'absence de peur ; c'est faire face à ses peurs."

Prenant une grande inspiration, Émile s'approcha du bord et plongea dans l'eau fraîche. Alors qu'il nageait, il ressentit un rush d'exaltation. Avec une poussée de détermination, il atteignit le fond et saisit une clé en or étincelante.

Émergeant de l'eau, Émile haletait, mais son cœur était en fête. "Je l'ai fait !"

Léon hocha la tête avec approbation. "Tu as découvert le trésor du courage."

Se séchant au soleil chaud, Émile ressentit une nouvelle confiance grandissante en lui. Le trio poursuivit son aventure, Margot menant le chemin. Ils arrivèrent à un majestueux chêne où Léon expliqua : "Le prochain trésor concerne la gentillesse."

Une petite fleur délicate fleurissait au pied de l'arbre, ses pétales brillant doucement. "Cette fleur ne fleurira que si elle reçoit un acte de gentillesse," instruisit Léon. "Peux-tu l'aider à s'épanouir ?"

Émile regarda autour de lui, voyant de minuscules fourmis peinant à transporter une feuille beaucoup plus grande qu'elles. Sans hésiter, il rassembla quelques feuilles plus petites et les plaça à proximité. Les fourmis transportèrent avec empressement les plus petites feuilles jusqu'à leur foyer.

Alors qu'Émile regardait, la fleur commença à s'ouvrir, révélant une belle fleur en forme de cœur. "Tu vois, Émile," dit Margot, rayonnante, "ton acte de gentillesse a aidé la fleur à s'épanouir !"

"Le trésor de la gentillesse est celui qui grandit lorsqu'il est partagé," ajouta Léon avec un sourire fier.

Avec deux trésors découverts, Émile se sentait plus vivant que jamais. Ils s'aventurèrent plus loin dans le parc, où une brise espiègle les mena à une clairière remplie de papillons colorés. Émile était enchanté.

"Ce dernier trésor t'apprendra la confiance," dit Léon. "Tu dois attraper un papillon pour débloquer la dernière leçon."

Émile regarda les créatures délicates virevoltant, chacune plus belle que la dernière. Des doutes s'immiscèrent dans son esprit. "Mais ils sont si rapides... que se passe-t-il si je n'arrive pas à en attraper un ?"

Margot gazouilla d'encouragement. "Sois juste patient, Émile. La confiance vient de la croyance en soi. Concentre-toi sur les papillons et avance doucement."

Émile prit une grande inspiration et étendit les mains, se rappelant de rester calme. Il observa les papillons danser au soleil, attendant le moment parfait. Lorsqu'un se posa près de lui, il tendit lentement la main et, d'un mouvement délicat, il le prit dans ses mains.

"Je l'ai fait !" s'exclama-t-il, ouvrant soigneusement ses paumes pour laisser le papillon s'envoler librement.

"Tu as découvert le trésor de la confiance," dit Léon chaleureusement. "Tu as cru en toi, et c'est un puissant cadeau."

Alors que le soleil commençait à se coucher, Émile regarda ses nouveaux amis, son cœur débordant de gratitude. "Merci pour cette incroyable aventure," dit-il, se sentant plus courageux et plus aimable que jamais.

Léon sourit, ses traits de pierre scintillant doucement à la lumière déclinante. "Souviens-toi, Émile, les trésors que tu as découverts aujourd'hui vivent en toi. Emporte-les avec toi toujours."

Avec un signe de la patte de Margot et un hochement de tête de Léon, Émile retraça ses pas à travers la grille rouillée, se sentant différent—plus vivant et prêt à embrasser le monde.

À partir de ce jour, Émile n'était plus seulement un garçon timide. Il était Émile, le garçon qui découvrit le courage, la gentillesse et la confiance dans le Parc Enchanté.

37

Émile and the Treasures of the Enchanted Park

Émile was a shy boy, often lost in the pages of his favorite books while his classmates played outside. He preferred the company of stories and imagination to the noise and chaos of the playground. One day, as he wandered through his neighborhood, he stumbled upon an old, rusty gate overgrown with ivy. Curiosity piqued, he pushed it open and stepped into a world unlike any he had ever seen.

Before him lay the Enchanted Park, filled with vibrant flowers, towering trees, and statues that seemed to shimmer in the sunlight. Émile could hardly believe his eyes. In the center of the park stood a majestic statue of a lion, its stone mane flowing as if caught in a gentle breeze.

As Émile approached, the lion's eyes opened, sparkling with warmth and wisdom. "Welcome, young Émile. I am Léon, the wise Lion Statue. You have discovered the hidden treasures of this park. Would you like to embark on a treasure hunt?"

Émile's heart raced with excitement and a hint of nervousness. "A treasure hunt? What do I have to do?"

Léon smiled. "Each treasure you find will teach you an important lesson. Are you ready?"

With a deep breath, Émile nodded. The lion gestured toward a winding path that led deeper into the park. As they walked, Émile noticed a fluffy squirrel perched on a branch above them.

"Hello!" chirped the squirrel, bounding down to join them. "I'm Margot! I'll be your guide for the first treasure."

Émile blinked in amazement. "You can talk!"

"Of course! In the Enchanted Park, anything is possible!" Margot exclaimed, twitching her bushy tail. "Let's go!"

Margot led Émile to a glimmering pond surrounded by blooming flowers. "The first treasure is hidden beneath the water," she explained. "But to retrieve it, you must dive in. It will teach you about courage."

Émile hesitated, looking at the shimmering water. "But what if I can't do it?"

Margot smiled reassuringly. "You won't know until you try! Remember, bravery isn't about being fearless; it's about facing your fears."

Taking a deep breath, Émile stepped to the edge and plunged into the cool water. As he swam, he felt a rush of exhilaration. With a burst of determination, he reached the bottom and grasped a sparkling golden key.

Emerging from the water, Émile gasped for air, but his heart soared. "I did it!"

Léon nodded approvingly. "You've discovered the treasure of courage."

Drying off in the warm sunlight, Émile felt a newfound confidence swelling within him. The trio continued on their adventure, with Margot leading the way. They arrived at a majestic oak tree where Léon explained, "The next treasure is about kindness."

A small, delicate flower bloomed at the foot of the tree, its petals glowing softly. "This flower will only bloom if it receives a kind deed," Léon instructed. "Can you help it flourish?"

Émile looked around, seeing tiny ants struggling to carry a leaf much larger than themselves. Without hesitation, he gathered some smaller leaves and placed them nearby. The ants eagerly transported the smaller leaves to their home.

As Émile watched, the flower began to open, revealing a beautiful heart-shaped blossom. "You see, Émile," Margot said, beaming, "your act of kindness helped the flower bloom!"

"The treasure of kindness is one that grows when shared," Léon added with a proud smile.

With two treasures found, Émile felt more alive than ever. They ventured further into the park, where a playful breeze led them to a clearing filled with colorful butterflies. Émile was enchanted.

"This last treasure will teach you about confidence," Léon said. "You must catch a butterfly to unlock the final lesson."

Émile looked at the delicate creatures flitting about, each one more beautiful than the last. Doubts crept into his mind. "But they're so fast... what if I can't catch one?"

Margot chirped encouragingly. "Just be patient, Émile. Confidence comes from believing in yourself. Focus on the butterflies, and move gently."

Émile took a deep breath and extended his hands, remembering to be calm. He watched the butterflies dance in the sunlight, waiting for the perfect moment. As one landed nearby, he slowly reached out, and with a gentle motion, he cupped it in his hands.

"I did it!" he exclaimed, carefully opening his palms to let the butterfly fly free.

"You have discovered the treasure of confidence," Léon said warmly. "You trusted yourself, and that is a powerful gift."

As the sun began to set, Émile looked at his newfound friends, his heart swelling with gratitude. "Thank you for this incredible adventure," he said, feeling braver and kinder than ever before.

Léon smiled, his stone features glowing softly in the fading light. "Remember, Émile, the treasures you found today live within you. Carry them with you always."

With a wave from Margot and a nod from Léon, Émile retraced his steps back through the rusty gate, feeling different—more alive and ready to embrace the world.

From that day on, Émile was no longer just a shy boy. He was Émile, the boy who discovered courage, kindness, and confidence in the Enchanted Park.

43

Le Grand Concours de Tartes de Mama Lili

Chaque année, dans le village de Chérie, Mama Lili organisait l'événement le plus attendu de la saison : le Grand Concours de Tartes. Tout le monde, des plus petits enfants aux plus vieilles grands-mères, se rassemblait sur la place du village, apportant leurs meilleures tartes à partager et à concourir pour le précieux trophée du Rouleau à Pâtisserie en Or. L'air était empli du doux arôme des pommes, des cerises et des myrtilles, faisant saliver tout le monde d'anticipation.

Cette année, l'excitation était particulièrement élevée. Jeanne, une petite boulangère déterminée avec un talent pour créer les pâtisseries les plus moelleuses, avait passé toute la semaine à se préparer. « Cette année, je vais gagner ! » déclara-t-elle, en mélangeant soigneusement ses ingrédients dans un grand bol. Son arme secrète ? Une pincée du mélange d'épices spécial de sa grand-mère.

Le jour du concours, le soleil brillait de mille feux alors que les villageois remplissaient la place avec leurs créations de tartes colorées. Mama Lili, une femme joyeuse avec un sourire chaleureux et un cœur aussi grand que son four, se tenait à l'avant, prête à juger les soumissions. Le jury comprenait également Monsieur Renard, le juge sérieux et austère de la ville, et Théo, le farceur local connu pour ses frasques malicieuses.

« Bienvenue à tous au Grand Concours de Tartes ! » annonça Mama Lili, sa voix joyeuse et accueillante. « Que la dégustation de tartes commence ! »

Alors que les villageois présentaient leurs tartes, quelque chose d'étrange se produisit. Juste au moment où Mama Lili s'apprêtait à prendre sa première bouchée, toutes les tartes commencèrent à s'élever des tables, flottant doucement dans les airs !

La foule s'exclama de surprise, les yeux écarquillés d'incrédulité. Les tartes commencèrent à tournoyer et à danser, s'élevant de plus en plus haut. « Que se passe-t-il ? » s'écria Théo, qui ne pouvait s'empêcher de rire devant ce spectacle.

« Ça doit être l'ingrédient spécial de Mama Lili ! » s'exclama Jeanne, les yeux brillants d'excitation et de curiosité. « Qu'as-tu mis dans tes tartes cette année, Mama Lili ? »

« Oh là là ! » s'exclama Mama Lili, se grattant la tête. « J'ai pensé essayer quelque chose de nouveau : une pincée de cannelle magique ! Mais il semble que ce soit un peu plus magique que je ne le pensais ! »

Alors que les tartes continuaient de flotter, les habitants du village se rassemblèrent, un mélange de rires et de confusion dans l'air. « Nous ne pouvons pas laisser ce concours se terminer dans le chaos ! » déclara Monsieur Renard, son sérieux revenant. « Nous devons travailler ensemble pour ramener les tartes au sol ! »

Jeanne eut une idée. « Et si nous faisions une nouvelle tarte, une qui nous ancre ? Nous devons combiner tous nos ingrédients et créer quelque chose de vraiment spécial ! »

Avec enthousiasme, les villageois se mirent au travail. Ils rassemblèrent de la farine, du sucre, des fruits et des épices provenant de leurs différentes tartes, les mélangeant dans un énorme bol. Tout le monde contribua : Théo ajouta un peu de jus de framboise, et Mama Lili incorpora sa cannelle enchantée, mais cette fois, elle n'utiliserait qu'une pincée !

Alors qu'ils travaillaient ensemble, des rires et des bavardages emplissaient la place. L'esprit de communauté brillait plus fort que le soleil. Enfin, le mélange était prêt. Ils versèrent la pâte dans un gigantesque plat à tarte, suffisamment grand pour que tout le monde puisse partager, et le placèrent dans le four de Mama Lili.

Alors que la tarte cuisait, les villageois retenaient leur souffle, espérant le meilleur. L'arôme sucré flottait à travers la place, se mêlant aux senteurs des tartes flottantes. Juste au moment où ils pensaient que tout espoir était perdu, ils entendirent un délicieux ding venant du four. La Grande Tarte Ancrante était prête !

Mama Lili retira soigneusement la tarte et la plaça sur la table. « Maintenant, voyons si ça fonctionne, » dit-elle, un éclat malicieux dans les yeux.

Les habitants se rassemblèrent autour de la tarte, et alors qu'ils prenaient leur première bouchée, ils ressentirent une étrange sensation. Les tartes flottantes commencèrent à descendre doucement, atterrissant en toute sécurité de nouveau sur les tables. Des acclamations éclatèrent à travers la place !

« Bravo ! Nous l'avons fait ! » s'exclama Jeanne, le cœur débordant de fierté.

Monsieur Renard, un sourire sérieux sur le visage, déclara : « Cette tarte est extraordinaire ! Elle incarne l'esprit de notre communauté. »

Sur ce, Mama Lili décerna le trophée du Rouleau à Pâtisserie en Or à tous ceux qui avaient participé, célébrant leur travail d'équipe et leur créativité. La journée se transforma en un festin joyeux, rempli de rires, d'histoires et, bien sûr, de délicieuses tartes.

Alors que le soleil se couchait sur Chérie, les villageois savaient que ce concours serait mémorable pendant des années à venir — non seulement pour les tartes flottantes, mais aussi pour les liens qu'ils avaient renforcés grâce à leurs rires partagés et leur amour pour la pâtisserie.

Mama Lili's Great Pie Contest

Every year in the village of Chérie, Mama Lili hosted the most awaited event of the season: the Great Pie Contest. Everyone from the tiniest children to the oldest grandmothers would gather in the town square, bringing their best pies to share and compete for the coveted Golden Rolling Pin trophy. The air would be filled with the sweet aroma of apples, cherries, and blueberries, making everyone's mouth water in anticipation.

This year, the excitement was particularly high. Jeanne, a determined little baker with a talent for creating the fluffiest pastries, had spent the whole week preparing. "This year, I'm going to win!" she declared, as she carefully mixed her ingredients in a large bowl. Her secret weapon? A dash of her grandmother's special spice blend.

On the day of the contest, the sun shone brightly as villagers filled the square with their colorful pie creations. Mama Lili, a jolly woman with a warm smile and a heart as big as her oven, stood at the front, ready to judge the entries. The panel also included Monsieur Renard, the town's serious and stern judge, and Théo, the local prankster known for his mischievous antics.

"Welcome, everyone, to the Great Pie Contest!" Mama Lili announced, her voice cheerful and inviting. "Let the pie tasting begin!"

As the villagers presented their pies, something strange happened. Just as Mama Lili was about to take her first bite, all the pies began to lift off the tables, floating gently into the air!

The crowd gasped in surprise, eyes wide with disbelief. Pies began to twirl and dance, floating higher and higher. "What is happening?" shouted Théo, who couldn't help but laugh at the sight.

"It must be Mama Lili's special ingredient!" exclaimed Jeanne, eyes sparkling with excitement and curiosity. "What did you put in your pies this year, Mama Lili?"

"Oh dear!" Mama Lili exclaimed, scratching her head. "I thought I'd try something new—a pinch of magical cinnamon! But it seems it's a bit more magical than I expected!"

As the pies continued to float, the townspeople gathered together, a mix of laughter and confusion in the air. "We can't let this contest end in chaos!" declared Monsieur Renard, his seriousness returning. "We need to work together to bring the pies back down!"

Jeanne had an idea. "What if we make a new pie, one that will keep us grounded? We need to combine all our ingredients and create something truly special!"

With enthusiasm, the villagers sprang into action. They gathered flour, sugar, fruits, and spices from their various pies, mixing them together in one enormous bowl. Everyone contributed: Théo added a splash of raspberry juice, and Mama Lili tossed in her enchanted cinnamon, but this time, they'd use just a pinch!

As they worked together, laughter and chatter filled the square. The spirit of community shone brighter than the sun. Finally, the mixture was ready. They poured the batter into a giant pie dish, large enough for everyone to share, and placed it in Mama Lili's oven.

As the pie baked, the villagers held their breath, hoping for the best. The sweet aroma wafted through the square, mingling with the scents of the floating pies. Just when they thought all hope was lost, they heard a delightful ding from the oven. The Great Grounding Pie was ready!

Mama Lili carefully removed the pie and placed it on the table. "Now, let's see if this works," she said, with a twinkle in her eye.

The townspeople gathered around the pie, and as they took their first bites, they felt a strange sensation. The floating pies began to descend gently, landing safely back on the tables. Cheers erupted throughout the square!

"Bravo! We did it!" Jeanne exclaimed, her heart swelling with pride.

Monsieur Renard, a serious smile on his face, declared, "This pie is extraordinary! It embodies the spirit of our community."

With that, Mama Lili awarded the Golden Rolling Pin trophy to everyone who participated, celebrating their teamwork and creativity. The day turned into a joyous feast, filled with laughter, stories, and of course, delicious pie.

As the sun set over Chérie, the villagers knew that this contest would be remembered for years to come—not just for the floating pies, but for the bonds they had strengthened through their shared laughter and love for baking.

Le Mystère du Jardin Enchanté

Dans le petit village de Lumière, caché dans un coin tranquille, se trouvait un jardin secret connu seulement de quelques chanceux. Ce n'était pas un jardin ordinaire : ici, les plantes poussaient plus haut que les arbres, les fleurs changeaient de couleur à chaque murmure, et les animaux semblaient comprendre tout ce qu'on leur disait. Une fois par an, Madame Marguerite, la sage jardinière, invitait quelques enfants à visiter son jardin enchanté, et cette année, les meilleurs amis Camille et Lucas faisaient partie des heureux élus.

Lorsque le groupe d'enfants passa le portail du jardin, Madame Marguerite leva la main pour demander le silence. « Les enfants, » dit-elle en souriant chaleureusement, « dans ce jardin, vous devez être prudents et respectueux. Les plantes, les animaux et même le sol sont remplis de magie. » Les enfants acquiescèrent, leurs yeux pétillant d'excitation.

Ils déambulèrent dans les sentiers sinueux du jardin, émerveillés par les fleurs qui étincelaient de toutes les couleurs de l'arc-en-ciel et les lianes qui fredonnaient une douce mélodie. Mais en arrivant au cœur du jardin, Camille remarqua quelque chose d'étrange. « Regardez ! » dit-elle en pointant un espace vide au centre. « Où est la fleur dorée ? »

Les enfants poussèrent un cri de surprise. La fleur dorée, célèbre pour son éclat magique chaque nuit, avait disparu. Le visage de Madame Marguerite devint grave. « Cette fleur est le cœur de notre jardin, » murmura-t-elle. « Sans elle, la magie de ce lieu disparaîtra. »

Déterminés à aider, Camille et Lucas proposèrent de retrouver la fleur disparue. Madame Marguerite accepta, reconnaissante de leur curiosité et de leur gentillesse.

Les deux amis commencèrent leur recherche, observant attentivement les moindres signes qui pourraient les mener à des indices. Bientôt, ils remarquèrent de petites empreintes étranges menant plus loin dans le jardin. Le long du chemin, des pétales lumineux étaient éparpillés, comme si quelqu'un avait laissé une piste.

En suivant les indices, ils rencontrèrent quelques-uns des habitants magiques du jardin. D'abord, ils rencontrèrent Balthazar, le vieux hibou sage perché en haut d'un chêne. « As-tu vu quelque chose, Balthazar ? » demanda Lucas, levant les yeux vers l'oiseau en se protégeant du soleil.

Balthazar lissa ses plumes. « Un renard rôdait par ici tout à l'heure, » répondit-il pensivement, « mais je ne sais pas où il est parti. »

Ensuite, ils rencontrèrent Lila, l'écureuil espiègle, qui grignotait un gland près du sentier. « Oh, j'ai vu quelqu'un avec une fleur dorée hier, » piailla-t-elle en souriant. « Il avait l'air très content de son butin ! »

Enfin, ils trouvèrent Henri le lapin, qui sautillait nerveusement. « J'ai bien vu un renard portant quelque chose de brillant, » chuchota Henri en frémissant du nez. « Il est parti vers l'autre bout du jardin. »

Avec chaque indice, Camille et Lucas étaient de plus en plus convaincus qu'ils étaient sur la bonne piste. « Nous devons travailler ensemble pour comprendre où il pourrait se cacher, » dit Camille.

« Je vais continuer à chercher d'autres indices, » répondit Lucas, « et toi, parle à d'autres animaux pour voir ce qu'ils savent. »

Ils réalisèrent rapidement que le travail d'équipe était la clé. En suivant les indications d'Henri, ils se dirigèrent prudemment vers un coin caché du jardin, où se trouvait une petite tanière nichée entre des buissons.

À l'intérieur de la tanière, ils virent Félix le renard, qui admirait la fleur dorée, ses pétales brillants d'une douce lueur dans l'obscurité de son refuge douillet. Surpris de les voir, Félix sursauta. « Oh ! Je ne pensais pas que quelqu'un s'en apercevrait, » balbutia-t-il, les oreilles tombantes.

« Félix, » dit doucement Camille, « cette fleur est très importante pour le jardin. Madame Marguerite a dit que sans elle, la magie disparaîtrait. »

Le visage de Félix s'assombrit alors qu'il réalisait son erreur. « Je ne savais pas, » dit-il, baissant les yeux vers la fleur qu'il avait prise simplement pour décorer sa tanière. « Je voulais juste rendre mon chez-moi spécial. »

Lucas lui sourit gentiment. « Ce n'est pas grave, Félix. Si tu la ramènes, la magie du jardin reviendra, et il sera magnifique pour tout le monde. »

Ensemble, Félix, Camille et Lucas retournèrent au cœur du jardin, où Madame Marguerite et les autres enfants attendaient anxieusement. Doucement, Félix replaça la fleur dorée à sa place, au centre du jardin. Instantanément, elle se mit à briller plus fort que jamais, illuminant le jardin d'une lumière chaude et dorée. Les plantes et les animaux semblèrent pousser un soupir de soulagement, alors que la magie du jardin revenait.

Madame Marguerite les remercia tous, les yeux brillants de fierté. « La vraie magie de ce jardin, » dit-elle, « n'est pas seulement dans la fleur dorée, mais dans la gentillesse et l'esprit d'équipe que vous avez montrés aujourd'hui. »

Au coucher du soleil, Madame Marguerite remit à chaque enfant un petit sachet de graines de la fleur dorée. « Plantez-les dans vos propres jardins, » leur dit-elle. « Elles vous rappelleront la magie que nous avons créée ensemble aujourd'hui. »

Camille et Lucas se regardèrent en souriant. Ils avaient appris qu'en travaillant ensemble, en respectant la nature et en faisant preuve de gentillesse, ils pouvaient accomplir de grandes choses. Et à partir de ce jour-là, ils surent qu'ils resteraient toujours amis, non seulement entre eux, mais avec chaque créature magique du jardin enchanté.

The Enchanted Garden Mystery

In the small village of Lumière, hidden in a quiet corner, lay a secret garden known only to a lucky few. This was no ordinary garden—plants here grew taller than the trees, flowers changed color with each whispered word, and animals seemed to understand every single thing you said. Once a year, Madame Marguerite, the wise gardener, would invite a few children to visit her enchanted garden, and this year, best friends Camille and Lucas were lucky enough to be among them.

As the group of children entered through the garden gate, Madame Marguerite raised a hand for silence. "Children," she said with a warm smile, "in this garden, you must be careful and respectful. The plants, animals, and even the soil are filled with magic." The children nodded, excitement dancing in their eyes.

They wandered through the winding paths of the garden, marveling at flowers that sparkled in rainbow colors and vines that hummed a gentle tune. But as they reached the heart of the garden, Camille noticed something odd. "Look!" she said, pointing to an empty patch in the center. "Where's the golden flower?"

The children gasped. The golden flower, famous for its magical glow each night, had vanished. Madame Marguerite's face grew serious. "This flower is the heart of our garden," she murmured. "Without it, the magic of this place will fade."

Determined to help, Camille and Lucas offered to find the missing flower. Madame Marguerite agreed, grateful for their curiosity and kindness.

The two friends began their search, looking carefully for any sign of what might have happened. Soon they noticed some strange, tiny footprints leading deeper into the garden. Scattered along the path were small, glowing petals, as if someone had left a trail.

As they followed the clues, they encountered some of the garden's magical inhabitants. First, they met Balthazar, the wise old owl perched high in an oak tree. "Did you see anything, Balthazar?" Lucas asked, shielding his eyes from the sunlight to look up at the owl.

Balthazar ruffled his feathers. "A fox was sniffing around earlier," he replied thoughtfully, "but I don't know where he went."

Next, they came across Lila, the mischievous squirrel, who was nibbling on an acorn by the path. "Oh, I saw someone with a golden flower just yesterday," she squeaked, grinning. "He seemed quite excited about it!"

Finally, they found Henri the rabbit, who was hopping around nervously. "I did see a fox carrying something shiny," Henri whispered, twitching his nose. "He went toward the far end of the garden."

With each clue, Camille and Lucas grew more certain they were on the right track. "We need to work together to figure out where he could be hiding," Camille said.

"I'll keep looking for more clues," said Lucas, "and you can talk to more animals to see what they know."

Together, they quickly realized that teamwork was the key. Following Henri's directions, they carefully made their way to a hidden corner of the garden, where a small den lay nestled between bushes.

Inside the den, they saw Félix the fox, who was admiring the golden flower, its petals glowing softly in the dim light of his cozy home. Surprised to see them, Félix jumped up. "Oh! I didn't think anyone would notice," he stammered, his ears drooping.

"Félix," Camille said gently, "that flower is very important to the garden. Madame Marguerite said without it, the magic will disappear."

Félix's face fell as he realized his mistake. "I didn't know," he said, looking down at the flower he had thought was just a beautiful decoration. "I only wanted to make my den look special."

Lucas smiled kindly. "It's okay, Félix. If you return it, the garden's magic will come back, and it'll be beautiful for everyone."

Together, Félix, Camille, and Lucas returned to the heart of the garden, where Madame Marguerite and the other children were waiting anxiously. Gently, Félix placed the golden flower back in its spot at the center of the garden. Instantly, it began to glow brighter than ever, filling the garden with a warm, golden light. The plants and animals seemed to sigh with relief, as the garden's magic returned.

Madame Marguerite thanked them all, her eyes twinkling with pride. "The true magic of this garden," she said, "isn't just in the golden flower, but in the kindness and teamwork you all showed today."

As the sun set, Madame Marguerite handed each child a small pouch of seeds from the golden flower. "Plant these in your own gardens," she said. "They'll remind you of the magic we made together today."

Camille and Lucas looked at each other, smiling. They had learned that by working together, respecting nature, and showing kindness, they could accomplish anything. And from that day on, they knew they would always be friends—not just with each other, but with every magical creature in the enchanted garden.

www.ingramcontent.com/pod-product-compliance
Lightning Source LLC
Chambersburg PA
CBHW051354150726
48000CB00003B/1187